Curieux de savoir
AVEC LIENS INTERNET

@

Curieux de savoir
AVEC LIENS INTERNET

Table des matières

Le signe @ t'invite à visiter la page
www.dominiqueetcompagnie.com/pedagogie
afin d'en savoir plus sur les sujets qui t'intéressent.

Qui fabrique les livres ?

Les maisons d'édition fabriquent les livres.
Plusieurs personnes y travaillent et interviennent
à chacune des étapes de fabrication.

Il faut combien de temps pour faire un livre ? @

Qu'est-ce qui détermine le prix d'un livre ? @

À combien d'exemplaires un livre est-il publié ? @

Qu'appelle-t-on « droits d'auteur » ? @

Chez les Amérindiens, les wampums sont comparables à des livres.
Ils racontent des événements importants.
Le récit que tu vas lire dans les pages suivantes
dévoile la signification des symboles inscrits sur un wampum.

Le wampum
à deux rangs

Une histoire de Michel Noël
Illustrée par Joanne Ouellet

Madame Léa, notre enseignante, ouvre son livre
et commence à lire :
« Bien longtemps avant l'arrivée des Européens,
les Amérindiens habitaient les Amériques.
C'est pourquoi on les appelle les Premières nations.
Peu de gens connaissent leur véritable histoire… »
Je lève la main.
– Oui, Ojipik ?

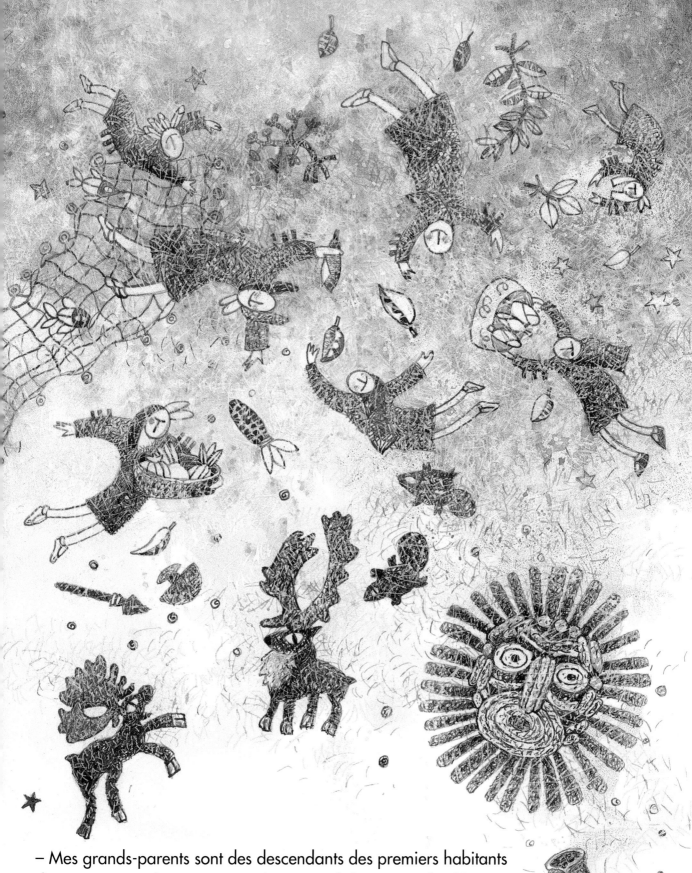

– Mes grands-parents sont des descendants des premiers habitants des Amériques. Ils sont comme deux grands livres remplis d'histoires qu'ils gardent précieusement dans leur mémoire.

Madame Léa me demande :

– Est-ce que tes grands-parents viendraient nous raconter leur histoire en classe ?

– Heu… je vais en discuter avec eux.

– Très bien, Ojipik. On s'en reparle demain.

5

Je saute les trois marches de l'autobus scolaire,
lance mon sac d'école sur notre galerie, et file
vers la rivière. C'est là que mes grands-parents
habitent. Wawaté et Kokum m'attendent en sirotant
leur thé noir dans des tasses en fer blanc.

sirotant :
siroter signifie déguster, savourer.

Je mords dans une délicieuse galette
à la mélasse qui sent le foin frais
et je bois un grand verre de lait.
Après avoir raconté ma journée
à l'école, je transmets l'invitation
de madame Léa à mes grands-parents.
Des étoiles s'allument aussitôt dans le ciel
de leurs yeux noirs et profonds comme la nuit.
Leur sourire en dit long : c'est oui !
Je suis **aux petits oiseaux**.

aux petits oiseaux :
l'expression « être aux petits oiseaux » signifie « être content ».

Le lendemain matin, tous les yeux sont fixés
sur mes grands-parents. Le visage
de Wawaté est basané. Sa peau plissée
ressemble à l'écorce d'un vieil arbre.
Ses yeux brillent d'intelligence.
Il porte un chapeau de feutre
piqué d'une plume de corbeau.

Les longs cheveux argentés de Kokum
font penser à l'eau d'un ruisseau.
Ses lèvres sont charnues et son sourire
est si doux qu'il charme tous ceux
qui la regardent. Elle a apporté
un sac en toile qu'elle garde
précieusement posé sur ses genoux.

– Mes enfants, dit Wawaté, je suis venu vous parler
de paix, de fraternité et de respect, car ces trois valeurs
sont la base de notre histoire. Mes paroles seront
aussi douces que le vent du printemps qui réchauffe
la terre et redonne la vie aux arbres et aux plantes.

Pendant que grand-papa nous parle, grand-maman
ouvre le sac en toile et en sort un paquet enveloppé
dans un tissu rouge. Elle le déballe comme si c'était
un trésor précieux et fragile.

Les yeux ronds, semblables à la pleine lune,
nous tendons le cou pour mieux voir l'objet
qu'elle tient dans ses mains.
– Qu'est-ce que c'est? demande Samuel.
– On dirait une ceinture, constate François.
– C'est très joli! s'écrie Amélie.

Kokum sourit :
– C'est un wampum. Il a été
fabriqué par mes ancêtres,
il y a très longtemps.
Tel un livre, le wampum
raconte les moments
importants de notre histoire.

13

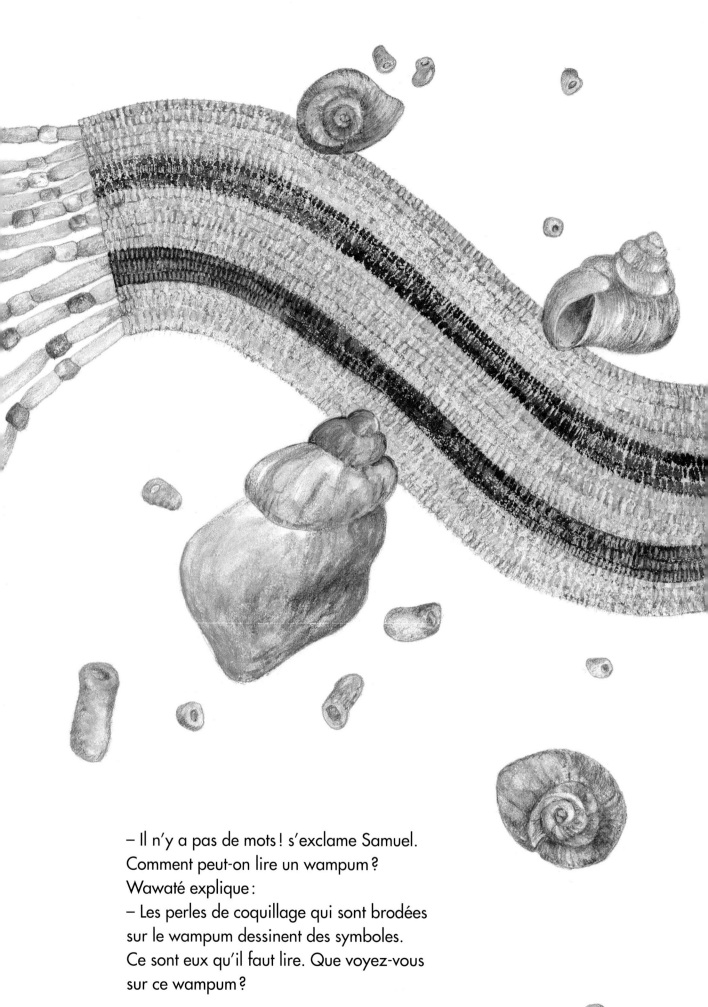

– Il n'y a pas de mots ! s'exclame Samuel.
Comment peut-on lire un wampum ?
Wawaté explique :
– Les perles de coquillage qui sont brodées
sur le wampum dessinent des symboles.
Ce sont eux qu'il faut lire. Que voyez-vous
sur ce wampum ?

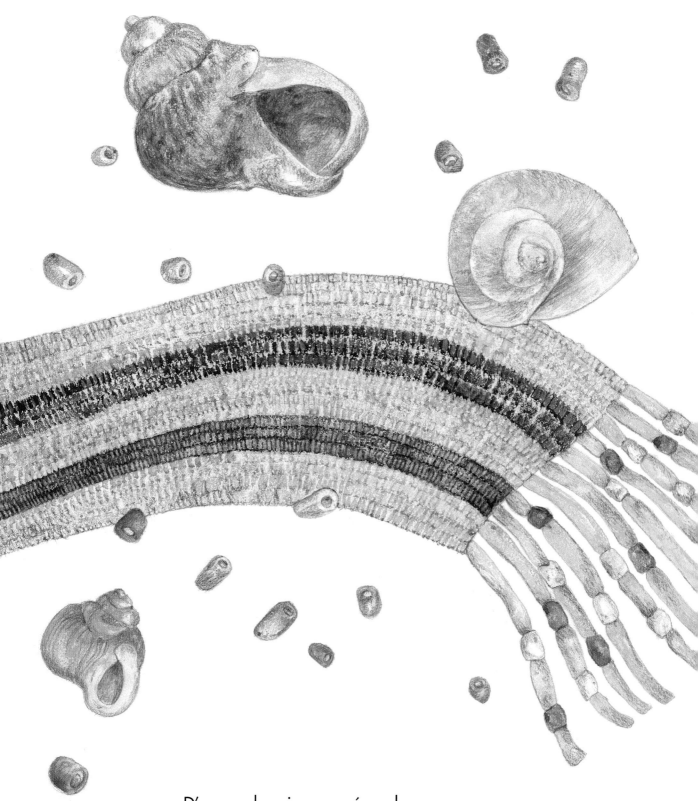

D'une seule voix, nous répondons :
– Trois bandes blanches et deux bandes de couleur !
Wawaté reprend :
– Il y a des centaines d'années, mes ancêtres ont conclu
des traités de paix et d'amitié avec les Européens
qu'ils appelaient les Blancs. Ces bandes montrent
les termes de ces ententes.

Grand-papa précise la signification des deux bandes
de perles de couleur **pourpre** :
– L'une d'entre elles, un canot d'écorce de bouleau,
représente les Premières nations, leurs lois,
leurs coutumes et leur mode de vie.
L'autre, un voilier, représente les Européens,
leurs lois, leurs coutumes et leur mode de vie.
Le wampum illustre le fait de voyager côte à côte
sur les eaux, à bord d'embarcations différentes.

pourpre :
un rouge violacé est de couleur pourpre.

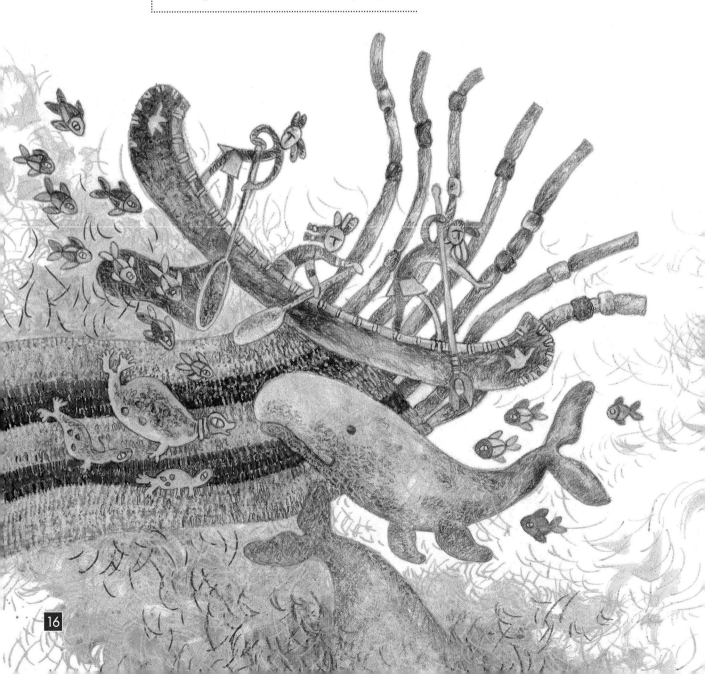

Le conservateur du musée a accepté de prêter le wampum à Wawaté
afin qu'il nous raconte son histoire. À mon tour, je lève la main
pour poser une question :
– Que veulent dire les trois rangées de perles blanches qui séparent les rangs ?

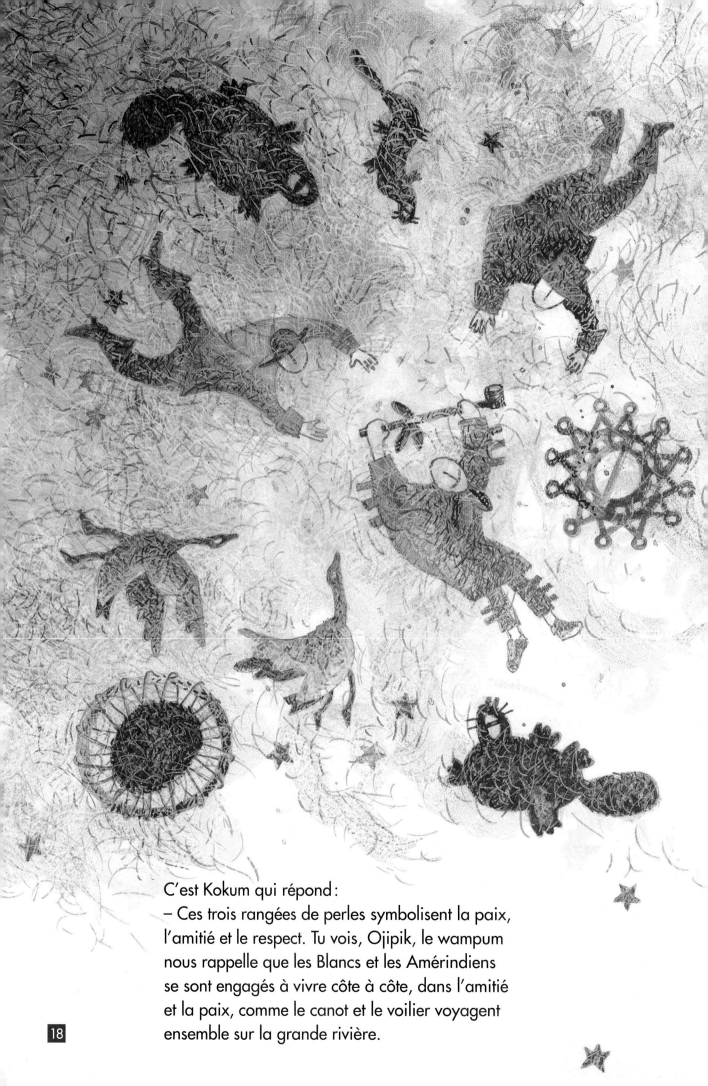

C'est Kokum qui répond :
– Ces trois rangées de perles symbolisent la paix,
l'amitié et le respect. Tu vois, Ojipik, le wampum
nous rappelle que les Blancs et les Amérindiens
se sont engagés à vivre côte à côte, dans l'amitié
et la paix, comme le canot et le voilier voyagent
ensemble sur la grande rivière.

L'histoire de ce wampum est tellement belle
que je veux la conserver dans ma mémoire
pour la raconter à mes enfants
et à mes petits-enfants.
Un jour, je l'écrirai
pour qu'elle soit publiée dans un livre
et que tous les enfants du monde
puissent la lire à leur tour.

La reliure d'un livre révèle une partie de son histoire

❶ Le **titre** donne un aperçu du contenu.

❷ Le nom des **auteurs** et celui de l'**illustrateur** associent le livre à ceux qui ont écrit le texte et réalisé les illustrations. @

❸ Le nom de la **collection** indique que tu peux trouver, chez cette maison d'édition, d'autres livres ayant les mêmes caractéristiques. @

❹ Le nom de la **maison d'édition** correspond à l'entreprise qui l'a fabriqué. @

L'illustration attire le regard et donne envie d'ouvrir l'album.

La première de couverture éveille l'intérêt du lecteur.

① **La citrouille** reine des courges

② Sylvie Roberge • Michel Noël • Gérard Fricheteau

③ **Curieux de savoir**
AVEC LIENS INTERNET @

④ Dominique et compagnie

Dominique et compagnie | LA NATURE ✳ LA CITROUILLE, REINE DES COURGES | Curieux de savoir

L'**épine** est la partie de la reliure située entre la première et la quatrième de couverture. Les informations qui y sont indiquées permettent d'identifier le livre, quand celui-ci est rangé sur un rayonnage.

La quatrième de couverture fournit des informations importantes.

Curieux de savoir @
AVEC LIENS INTERNET

Symbole de l'Halloween, la citrouille est la reine des courges

 Suis les étapes du cycle de vie d'une citrouille.
Apprends à distinguer les courges d'été des courges d'hiver.
Admire la diversité de leurs formes et de leurs couleurs.
Découvre comment la citrouille est devenue
le symbole de l'Halloween.
Cuisine un plat délicieux à base de courge.

Collection dirigée par Sylvie Roberge

 www.dominiqueetcompagnie.com/pedagogie

DANS LA MÊME SÉRIE

Cet ouvrage a été conçu
en collaboration avec La Courgerie
www.lacourgerie.com

ISBN 978-2-89512-710-9

❶ Le **résumé** présente
le contenu du livre.

❷ L'**adresse du site
Internet** invite à découvrir
la maison d'édition,
ses collections, ses auteurs
et ses illustrateurs. @

❸ Le **logo** permet
de reconnaître rapidement
la maison d'édition.

❹ La mention **FSC**
confirme que le papier
utilisé pour faire le livre
provient d'arbres issus
d'une forêt gérée selon
les normes de protection
de l'environnement. @

❺ Le **code à barres** révèle
le numéro d'identification
unique du livre.
On peut le lire au moyen
d'un lecteur conçu
à cet effet.

❻ Le numéro **ISBN** permet d'identifier le livre. Il comporte 13 chiffres séparés
par des tirets. Chaque groupe de chiffres a une signification.

ISBN 978-2-89512-710-9

978	=	indique qu'il s'agit d'un livre
2	=	pays francophone
89512	=	code de la maison d'édition Dominique et compagnie
710	=	numéro du livre
9	=	code de vérification qui contrôle l'exactitude des chiffres qui précèdent

Dans les albums conçus pour les enfants qui ont moins de 6 ans, les pages de garde sont généralement très colorées. Des personnages ou des objets en lien avec l'histoire racontée dans le livre y sont parfois représentés.

Les données de catalogage sont inscrites au début ou à la fin du livre. Elles indiquent les noms des personnes qui ont travaillé à la fabrication du livre, les coordonnées de la maison d'édition ainsi que l'endroit où le livre a été imprimé. @

Le faux titre apparaît
sur une page de droite,
à la suite des pages de garde.
Le **titre** y est mentionné,
accompagné d'une **illustration**.
On peut aussi parfois y lire
une dédicace. ❶

> dédicace :
> petit mot de l'auteur
> qui offre son ouvrage
> en hommage à quelqu'un.

La page titre
suit immédiatement.
❷ **Les noms de l'auteur
et de l'illustrateur**
s'ajoutent au titre.
D'autres éléments,
tel le **logo**
de la maison d'édition,
peuvent aussi être ajoutés.

Une histoire, ça commence par une bonne idée

Les idées géniales arrivent souvent quand on ne les attend pas. Au restaurant, au cinéma ou en voyage, on ne sait jamais quand viendra l'inspiration ! Voilà pourquoi les écrivains ont souvent calepin et crayon à portée de la main pour noter leurs idées.

Le mot « manuscrit » vient du latin *manus scriptus* qui signifie « écrit à la main ».

Aujourd'hui, même si la plupart des auteurs utilisent un ordinateur pour écrire, le texte qu'ils remettent à l'éditeur porte encore le nom de « manuscrit ».

Quand l'auteur est prêt à écrire son histoire, il s'installe à sa table de travail.
Le métier d'écrivain exige beaucoup de patience et de persévérance.
L'auteur réécrit plusieurs fois son histoire. À chaque relecture, il apporte de nouvelles modifications afin de parfaire son texte.

Un comité de lecture est chargé de lire les manuscrits.

Si les commentaires du comité sont positifs, l'éditeur accepte de publier le livre dans une de ses collections. C'est l'éditeur qui décide du format et du nombre de pages pour chacune des collections qu'il publie.

Le manuscrit est remis à un directeur littéraire.
Il lit le texte et propose à l'auteur les changements qu'il juge appropriés. La révision finale du texte est ensuite confiée au réviseur qui améliore les phrases en utilisant les bons termes.
Il corrige aussi les fautes d'orthographe, de grammaire et de ponctuation.

Le graphiste conçoit la maquette du livre.
Cette personne est responsable de la mise en pages du texte et des images. Elle choisit les types de caractères, la taille et le style qui seront utilisés pour transcrire le texte final. @

Le correcteur vérifie le texte qui a été mis en page par le graphiste.
Cette personne améliore la présentation visuelle des titres, du texte, des photos et des illustrations. Elle corrige les fautes d'orthographe, de grammaire et de ponctuation ayant pu être oubliées.

25

Des esquisses aux illustrations finales

Dès que le texte de l'auteur est accepté, un illustrateur est choisi pour l'illustrer. Les images émerveillent les lecteurs par leurs couleurs, leurs formes et les émotions qu'elles transmettent. Elles aident à comprendre l'histoire et apportent souvent des informations qui ne sont pas mentionnées dans le texte.

L'illustrateur reçoit un gabarit qui indique le format du livre et celui des pages intérieures. Le directeur littéraire l'informe du nombre de pages à illustrer.

Le texte remis à l'illustrateur est temporairement mis en page par le graphiste.
L'illustrateur voit ainsi l'espace dont il dispose pour concevoir ses illustrations.

Je saute les trois marches de l'autobus scolaire, lance mon sac d'école sur notre galerie, et file vers la rivière. C'est là que mes grands-parents habitent. Wawaté et Kokum m'attendent en sirotant leur thé noir dans leurs tasses en fer blanc.

Je mords dans une délicieuse galette à la mélasse qui sent le foin frais et je bois un grand verre de lait. Après avoir raconté ma journée à l'école, je transmets l'invitation de madame Léa à mes grands-parents. Des étoiles s'allument aussitôt dans le ciel de leurs yeux noirs et profonds.

L'illustrateur lit attentivement le texte.
Il doit choisir les étapes du récit
et les éléments qu'il veut illustrer
avant de réaliser ses **esquisses**.

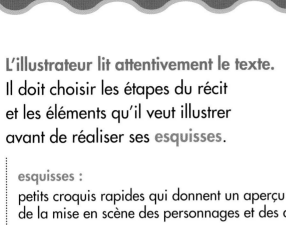

esquisses :
petits croquis rapides qui donnent un aperçu
de la mise en scène des personnages et des décors.

**Les esquisses sont soumises
au directeur littéraire et à l'auteur.**
L'illustrateur note les commentaires
qu'il reçoit et entreprend ses illustrations
finales. Pour *Le wampum à deux rangs*,
Joanne Ouellet a choisi l'encre, l'aquarelle
et le crayon de plomb.

De nombreuses techniques sont utilisées pour ajouter la couleur.
Certains illustrateurs choisissent l'aquarelle. D'autres préfèrent la gouache, l'acrylique,
la peinture à l'huile ou les crayons pastel. D'autres encore utilisent des logiciels
d'illustration. @

Gérard Frischeteau
(Les trois sœurs)

Gabrielle Grimard
(Le prince Casse-Noisette)

Jean Morin
(La petite patineuse)

De la numérisation à l'impression

Les illustrations finales sont numérisées avant d'être mises en page avec le texte.
Le numériseur saisit l'image ligne par ligne, avec une très grande précision. Puis, il transforme l'image papier en image numérique. @

Le contenu numérique du livre est gravé sur un disque compact (CD) et envoyé à l'imprimerie.
Une version papier du livre, appelée « épreuve », est imprimée. Plusieurs personnes, dont le directeur littéraire, vérifient l'emplacement du texte et des illustrations ainsi que la numérotation des pages, et font une dernière lecture de l'ouvrage afin d'éviter toute erreur.

Dès que l'épreuve est approuvée, le livre peut être imprimé.
À l'imprimerie, on utilise soit des presses rotatives ou des presses à feuilles.
Les pages sont imprimées sur des rouleaux de papier continu, si on utilise une presse rotative, ou sur des feuilles à plat, si on se sert d'une presse à feuilles.

Un employé spécialisé s'occupe de régler la presse et de vérifier la qualité des pages qui sont imprimées.
Les feuilles imprimées sont ensuite pliées, coupées et assemblées, puis reliées.

Le livre se retrouvera bientôt en librairie et en bibliothèque. Les lecteurs auront le plaisir d'entrer dans l'imaginaire de l'auteur et de l'illustrateur qui l'ont créé pour eux.

Des jeux pour observer

1. En reproduisant le logo de la maison d'édition (Image A),
le dessinateur a fait 4 erreurs (Image B). Trouve-les.

Lili Chartrand
Pishier

À Bugs, Roger, José
et les autres...
L.C.

2. Selon toi, laquelle de ces deux images représente la page titre, à l'intérieur d'un livre?

Réponses : 1 • Il a écrit « campagnie » au lieu de « compagnie »; il n'a pas dessiné l'étoile sur le chandail du petit garçon; la main du grand garçon n'a que 4 doigts; il manque un pois blanc sur la robe de la fillette.
2 • A

Quelqu'un s'est trompé
en numérotant
les photos qui montrent
les étapes de fabrication
d'un livre.
Peux-tu les énumérer
dans le bon ordre?

Réponds par VRAI ou FAUX aux affirmations suivantes.

(Sers-toi du numéro de page indiqué pour vérifier ta réponse.)

1 Le numéro ISBN comporte 13 chiffres séparés par des virgules.

PAGE 21

2 Le faux titre apparaît sur une page de gauche.

PAGE 23

3 Le mot manuscrit vient du latin *manus scriptus* qui signifie « écrit à la main ».

PAGE 24

4 Le correcteur conçoit la maquette du livre.

PAGE 25

5 Le gabarit indique le format du livre et celui des pages intérieures.

PAGE 26

6 Les esquisses donnent un aperçu de la mise en scène des personnages et des décors.

PAGE 27

7 Le numériseur transforme l'image papier en image numérique.

PAGE 28

Réponses : 1 FAUX 2 FAUX 3 VRAI 4 FAUX 5 VRAI 6 VRAI 7 VRAI

Catalogage avant publication de Bibliothèque et Archives nationales du Québec et Bibliothèque et Archives Canada

Roberge, Sylvie, 1955 15 mars-

Le livre, du manuscrit à la librairie

(Curieux de savoir. Les arts)
Sommaire : Le wampum à deux rangs.
Pour enfants de 6 ans et plus.

ISBN 978-2-89512-996-7

1. Édition-Ouvrages pour la jeunesse. 2. Livres-Ouvrages pour
la jeunesse. I. Ouellet, Joanne. II. Noël, Michel, 1944- . Wampum
à deux rangs. III. Titre. IV. Collection : Curieux de savoir. Arts.

Z278.R62 2011   j070.5'1   C2010-942085-3

**Direction artistique, recherche et texte documentaire,
liens Internet :** Sylvie Roberge

Révision et correction : Danielle Patenaude

Graphisme et mise en pages : Nancy Jacques

**Illustrations de la couverture, de l'histoire
et de la table des matières :** Joanne Ouellet

Photographies : © Sylvie Roberge

L'éditeur remercie les personnes suivantes
pour leur précieuse collaboration :
Myriam Tremblay de la firme Photosynthèse
Ghislain Alexandre de l'Imprimerie Payette et Simms inc.

Nous reconnaissons l'aide financière du gouvernement du Canada
par l'entremise du Fonds du livre du Canada et par le Conseil
des Arts du Canada.

Nous reconnaissons l'aide financière du gouvernement du Québec
par l'entremise du Programme de crédit d'impôt
- SODEC - Programme d'aide à l'édition de livres.

© **Les Éditions Héritage inc. 2012**
Tous droits réservés
Dépôt légal : 3e trimestre 2012
Bibliothèque et Archives nationales du Québec
Bibliothèque et Archives Canada

Dominique et compagnie
300, rue Arran, Saint-Lambert (Québec) J4R 1K5
Téléphone : 514 875-0327 ; Télécopieur : 450 672-5448
Courriel : dominiqueetcompagnie@editionsheritage.com

Imprimé au Canada